# RÉPONSES
## A M. GEOFFROY,
RELATIVEMENT A SES ARTICLES
## SUR L'OPÉRA D'ADRIEN.

---

PRIX : 75 centimes.

---

A PARIS,

CHEZ { HUET, Libraire, rue Vivienne, n°. 8;
CHARRON, Libraire, passage Feydeau.

AN 10.

# PREMIERE RÉPONSE
## A M. GEOFFROY,
### Relativement à son article sur l'Opéra
### D'ADRIEN.

SOYEZ le bien venu, M. Geoffroy; vous avez dissipé mes craintes et passé mon espoir. Je tremblois que vous ne m'accablassiez de votre indulgence, et j'avois trop de raisons pour la redouter. Quand Zaïre est une *mauvaise tragédie*, je devois craindre que mes opéras ne fussent excellens; car ceux qui aiment Zaïre peuvent raisonnablement trouver mes opéras mauvais; jugez donc quel dut être mon effroi, quand j'appris que vous aviez repris la plume, et que vous rentriez au Feuilleton. Je l'avouerai, je n'osois vous lire : le malheureux, disois-je, il hait Voltaire, il est capable de m'aimer; et, en effet, mon ouvrage étoit assez foible pour encourir vos éloges. Graces au ciel! ma crainte fut de courte durée, et votre article seroit assez âcre pour flatter mon orgeuil, si je ne savois que vous avez été malade, et que tous les caractères s'adoucissent après quelques jours de fièvre et de purgations.

Mon opéra d'*Adrien* est donc un des plus misérables ouvrages que l'on puisse donner à ce théâtre, et la musique de Méhul une des plus mauvaises que l'on puisse entendre. Bravo, M. Geoffroy ! c'est de la générosité ; le poète et le musicien ne sont pas assez modestes pour vous contredire. Jusques-là tout va bien, le public sait à quoi s'en tenir, et nous n'avons plus rien à craindre que la jalousie de ceux que vous avez loués. Mais malheureusement, si vous faites très-bien le mal, vous faites très-mal le bien que vous voulez faire. Vos critiques, vos injures nous font honneur, d'accord ; mais comme la nature ne vous a pas donné d'être entièrement bienfaisant, vous motivez si mal les critiques qui nous flattent, que le lecteur pourroit les prendre pour des éloges de votre part ; et c'est alors que le pauvre *Adrien* seroit absolument perdu.

Vous avez été malade, M. Geoffroy, et votre convalescence ne me paroît point parfaite. Si le mal n'a pas diminué votre bile, il a sensiblement obscurci votre mémoire. Passons aux preuves.

Je vous abandonne mon style : quel style avez-vous loué? Je vous laisse vous égayer sur les fautes de plan, de conduite et de développement que vous relevez avec toutes les graces de l'urbanité française. Mais permettez-moi de vous répondre sur le fonds et sur les caractères de l'ouvrage, et voyons si l'*Adrien* dont vous parlez dans votre article, est véritablement celui dont l'histoire nous a tracé le portrait. D'abord le fonds de cet opéra n'est pas de moi, mais de Métastase, que vous haïriez s'il étoit vivant, mais que vous devez aimer parce qu'il est mort, et qu'il ne fut point philosophe.

Le plan et la conduite de mon opéra sont les mêmes que ceux de l'*Adriano in Siria*, de Métastase. Vos honorables injures appartiennent donc de droit à l'auteur italien; et comme j'ai de la probité, je rends à César ce qui est à César, et à Métastase, ce qu'il m'a prêté. Malgré cela, je sens que votre objection subsiste, et vous demanderez où Métastase a pu trouver qu'Adrien étoit guerrier, et qu'il avoit vaincu les Parthes ; tandis que selon vous, il ne fut qu'un prince pacifique, et un voyageur philosophe.

Métastase a mis un argument à la tête de tous ses opéras : on lit dans celui de l'*Adriano*, ces mots, qui doivent suffire pour ma justification.

« Era in Antiochia Adriano, è già » vincitore de Parti, quando fu sollevato all' impero ».

Vous aviez sans doute lu cette phrase, M. Geoffroy ; et sans votre léthargie, vous sauriez où j'ai trouvé qu'*Adrien* étoit guerrier et vainqueur des Parthes.

Achevez de lire l'argument, vous y verrez qu'*Adrien* connut à Antioche une princesse Parthe qui y étoit prisonnière; vous y verrez que Cosroès, roi dépossédé, s'y introduisit sous un déguisement pour délivrer sa fille, et se venger de l'empereur ; et au bas de cette notice, vous trouverez que ces faits sont tirés de Dion Cassius et de Spartien.

Mais, direz-vous, Métastase en a menti : que ce mot ne vous effarouche pas, M. Geoffroy, vous nous avez prouvé qu'en fait d'injures, les plus grosses sont les meilleures. Maintenant que Métastase est un menteur, j'ouvre le Dictionnaire historique, imprimé à Amsterdam, chez Rey, en 1771.

J'y lis à l'article d'*Adrien*, « qu'il fut le successeur de Trajan, et qu'il fut digne de l'être ; que son courage, ajoute le biographe, l'éleva aux premières dignités de l'empire ; qu'il fut général d'armée en Orient ; qu'il vainquit les Alains, les Sarmates et les Daces, et qu'il alla soumettre les Parthes qui s'étoient révoltés ».

N'en est-ce pas assez, M. Geoffroy, pour en faire un vainqueur des Parthes, et le faire triompher à l'Opéra ?

Avouez franchement que sans votre

léthargie, vous n'auriez pas fait un long article pour me contredire sur ce point.

Mais, direz-vous, le Dictionnaire historique est un sot; que ce mot ne vous choque pas, M. Geoffroy, vous le donnez à mon *Adrien*, (*voyez l'article du Feuilleton*) et vous n'aurez garde de l'épargner à tous ceux qui vous contredisent.

Eh bien! soit; le Dictionnaire est un sot : recourons donc aux auteurs grecs et latins; vous les avez bien lus sans doute; et sans votre léthargie, vous vous souviendriez de ce que j'y trouve.

Je vois dans Dion (1), qu'*Adrien* étoit un guerrier illustre, mais qu'il préféroit la paix à la guerre; cet éloge en vaut bien un autre; mais, il n'exclut pas des victoires et des triomphes.

Je lis dans le même Dion, que dans la guerre des Daces, Trajan eut toujours *Adrien* près de lui; qu'il lui don-

---

(1) *Dionis Cassii lib.* 60. *Typis Vechelianis, anno* 1606.

na le commandement d'une légion ; qu'*Adrien* se signala par beaucoup de grandes actions, et que Trajan pénétré d'admiration pour sa valeur, lui donna le diamant qu'il avait reçu de Nerva, le jour de son adoption ; cadeau qui parut aux yeux d'*Adrien*, un présage de son élévation à l'empire. Enfin, dans une inscription rapportée par Fabretti (1), on lit à l'honneur d'*Adrien*, que la Dace a été conquise par sa valeur.

D'après cela, M. Geoffroy, ai-je eu tort d'en faire un vainqueur, et persistez-vous à dire qu'*Adrien* ne fut qu'un homme pacifique et un voyageur philosophe ?

Revenons à Dion ; il nous apprend que Trajan étant tombé malade après avoir levé le siége d'Atra, laissa le commandement de son armée à *Adrien*, qu'il avoit fait gouverneur de Syrie.

En falloit-il davantage pour en faire un général d'armée, faisant la guerre

---

(1) *Raphaelis Fabretti de Columnâ Trajanâ : Romæ, anno* 1683.

aux Parthes ? vous savez mieux que moi sans doute que les Parthes étoient voisins de la Syrie, et que la ville d'Atra, inutilement assiégée par Trajan, étoit une forteresse des Parthes.

Voulez-vous quelque chose de plus concluant ? en l'an 118 de l'ère chrétienne, le Sénat décerna à *Adrien* les honneurs du triomphe ; et plusieurs médailles rapportées par Birague, lui donnent les titres de Germanique, de Dacique et de Parthique. Un auteur d'opéra pouvoit donc, sans être coupable, faire d'*Adrien* un vainqueur des Parthes, puisque les médailles et les inscriptions lui attribuent cette gloire.

Faut-il quelque chose de plus, M. Geoffroy ?

Eusèbe dans sa chronique nous apprend qu'en l'an 119, *Adrien* vainquit les Sarmates et les Roxolans. *Adrien* fut donc guerrier même après son élévation à l'empire, puisqu'il fut proclamé Auguste en 117, et qu'il fut vainqueur en 119.

Est-ce encore trop peu pour vous convaincre ? Goltzius (1) rapporte une inscription où *Adrien* est nommé *Imperator* pour la seconde fois, dès la troisième année de son règne ; et vous savez très-bien que ce titre se donnoit après chaque victoire ; *Adrien* n'étoit donc pas seulement un voyageur philosophe. Vous me direz que les Caligula et les Domitien prenoient souvent le titre d'*Imperator*, pour une victoire à laquelle ils n'avoient pas contribué, et souvent même pour des défaites qu'on transformoit en victoires ; mais *Adrien* qui avoit reçu un diamant pour son courage, n'étoit ni un Domitien ni un Caligula.

Enfin, M. Geoffroy, Dion Cassius vous donne le dernier coup, en nous disant que la cavalerie d'*Adrien* passa le Danube à la nage, et épouvanta tellement les barbares, qu'ils se soumirent et demandèrent la paix. Suidas

---

(1) *Goltzii thesaurus rei antiquariæ : Autuerp.*, *anno* 1618.

ajoute qu'*Adrien* en personne, traversa le fleuve avec ses soldats.

Mais de tous les traits historiques, celui qui revient le plus à mon sujet est celui-ci, que votre léthargie, sans doute, vous a fait oublier comme les autres : *Adrien* détrôna Partamaspate, que Trajan avoit fait roi des Parthes, et leur rendit Cosroès qu'ils aimoient, et qui avoit été chassé par Trajan.

Je n'ajouterai pas à ces exploits d'*Adrien*, la guerre que ses généraux firent contre les juifs. Ce prince étoit alors dans sa maison de campagne, près de Tivoli (1). Mais Eusèbe (2) et saint Jérôme vous ont appris, M. Geoffroy, que Jérusalem fut de nouveau assiégée, prise et détruite sous *Adrien*. Vous savez que cette ville fut rebâtie par son ordre et qu'elle fut appellée *Ælia Capitolina*, en honneur d'*Adrien*, qui se nommoit *Ælius*, et qu'elle conservoit

(1) *Villa Tiburtina.*

(2) *Eusebii Cœsariensis historia, ex edit. Valesii, Lutetiæ, anno* 1659.

encore ce nom du tems de saint Chrysostôme. Ce fait ne regarde pas personnellement cet empereur ; mais comme on attribue aux souverains les actions d'éclat qui se font sous leur règne, je rapporte celle-ci pour vous prouver que sous l'empire de ce voyageur philosophe, il y a eu des guerres et des triomphes.

J'espère, M. Geoffroy, que vous ne me demanderez plus comment j'ai pu faire d'*Adrien* un guerrier et un vainqueur ; et quand j'avoue avec vous qu'il a aimé la paix et qu'il a été philosophe, convenez avec moi qu'il a fait la guerre avant de donner la paix, et qu'il avoit été célèbre dans la guerre avant d'être heureux dans la philosophie.

Vous paroissez ignorer aussi où j'ai trouvé le personnage de Sabine. Sans votre léthargie, M. Geoffroy, vous vous rappelleriez qu'elle étoit nièce de Trajan, quelle fut femme d'*Adrien*, et qu'elle étoit dans l'Orient avec Plotine, lorsqu'*Adrien* fut élevé à l'empire.

Vous reprochez, enfin, à mon *Adrien* d'être un sot, et de n'être point galant; cela est possible, M. Geoffroy; l'on n'est point étonné de trouver des guerriers incivils, par-tout où l'on rencontre des littérateurs sans politesse.

Vous trouvez aussi très-ridicule qu'un empereur parle d'amour à une captive, quand il lui laisse les mains chargées de chaînes. C'est par foiblesse qu'un héros parle d'amour; c'est par respect pour le peuple romain et pour l'armée victorieuse, qu'un empereur fait enchaîner les reines prisonnières. Titus ne fut pas plus galant quand il chassa Bérénice qu'il aimoit; et Aurélien attacha à son char la reine Zénobie qu'il combla de bienfaits, et qu'il laissa vivre dans le repos et les plaisirs, à six lieues de Rome. L'orgueil du nom Romain forçoit donc *Adrien* à laisser les fers à sa captive, et l'excès de son amour le force ensuite à les lui ôter.

Le combat des Parthes ne vous paroît pas moins plaisant que les fers de ma captive. Vous ne concevez pas comment un peuple qui ne savoit que lancer des flèches par derrière pût combattre à outrance contre des Romains. Comme vous avez lu l'histoire, il est impossible qu'il y ait de la bonne foi dans votre critique. Sans doute, les archers Parthes combattoient comme vous le dites, et comme l'a dit Corneille; mais il est absurde de penser qu'une nation qui a pu seule résister au colosse de la puissance romaine, n'ait su que lancer des flèches en fuyant. Oubliez-vous que la guerre contre les Parthes étoit appellée la grande guerre? Oubliez-vous que les Parthes ravagèrent souvent la Syrie; qu'ils prirent Daphné, faubourg d'Antioche, et qu'ils forcèrent un empereur à s'enfuir par une fenêtre? Oubliez-vous que les Romains ne purent jamais les subjuguer entièrement? Oubliez-vous, enfin, que le malheureux Valérien fut vaincu et pris par Sapor, roi des Parthes, et que le vainqueur barbare lui fit souffrir toutes les humiliations et tous les tourmens, sans que l'illustre Odenat pût jamais délivrer l'empereur, ni venger la honte des Romains? Vous voyez donc, M. Geoffroy, que les Parthes combattoient aussi bien par devant que par derrière, et que vous n'avez été, vous, qu'un archer Parthe, en me lançant des traits que vous ne me croyiez pas en état de parer.

Revenons maintenant à un point qui n'intéresse pas seulement le chétif opéra d'Adrien, mais l'art dramatique en général; et quand bien même un auteur tragique supposeroit un combat ou un triomphe qui ne fût point justifié par l'histoire, qui pourroit le lui reprocher, si son héros est reconnu pour un guerrier, et s'il est célèbre par son courage? Les ouvrages dramatiques sont-ils des chroniques ou des gazettes? Vous estimez Racine, sans doute! eh bien! Racine a-t-il cru devoir être l'esclave de l'exactitude historique? Non : il donne à Mithridate pour rival en amour, son fils Xipharès, que l'histoire fait mourir à l'âge de neuf ans; il fait épouser Achille à Iphigénie, qui mourut sacrifiée sans jamais épouser personne; il fait de Narcisse l'empoisonneur de Britannicus, tandis que ce Narcisse fut toujours inviolablement attaché à ce prince, et que d'ailleurs il mourut deux ans avant Britannicus, ayant été tué immédiatement après la mort de Claude. Tacite nous peint ce Narcisse comme un insolent valet; mais il ajoute qu'il fut toujours fidèle à Britannicus, et qu'Agrippine le haïssoit à cause de cette fidélité.

Il y a plus; ce Burrhus, que Racine nous peint sous des traits si admirables; ce Burrhus fut le premier qui consola Néron du meurtre de sa mère, et qui voulut qu'on s'en réjouît, parce que ce meurtre délivroit Néron des dangers auxquels l'exposoit l'ambition d'Agrippine. Si vous en doutez, M. Geoffroy, reprenez votre Tacite, et vous y verrez ce fait, *an.* 14, *c.* 10.

Racine, le plus parfait des poètes dramatiques, n'a donc pas craint d'altérer l'exactitude des faits, et les caractères tracés par l'histoire, et vous voulez qu'un auteur d'opéra soit plus sévère que l'auteur de Phèdre et d'Athalie!

Vous saviez tout cela, M. Geoffroy; mais le besoin d'être méchant l'emporte chez vous sur l'obligation d'être exact;

et vous aimez mieux avoir l'air d'ignorer, que de renoncer au plaisir de nuire.

Je ne vous parlerai point de la musique de Méhul, je crains de vous trouver aussi savant dans cet art que vous êtes instruit sur les faits historiques : j'observerai seulement que vous méprisez bien vos lecteurs, et que vous leur supposez une bien grande ignorance, quand vous leur donnez vos erreurs pour des principes, et vos injures pour du savoir. Je sais, M. Geoffroy, que quelques personnes peuvent avoir besoin de mordre pour vivre, je les plains ; mais la pire des conditions, est celle des gens qui ne vivent que pour mordre.

Vous voyez, Monsieur, que vous n'avez été généreux qu'à demi. Dorénavant, quand vous me ferez l'honneur de me dire des injures, faites au moins que votre érudition ne soit pas en défaut, afin que votre article n'ait pas l'air d'un éloge dissimulé.

HOFFMAN.

# SECONDE RÉPONSE

## AU PROFESSEUR GEOFFROY.

J'AI lu votre diatribe, M. le professeur : vous m'y donnez beau jeu, car vous êtes en colère ; prenez y garde, l'humeur ne produit rien de bon ; le guerrier en colère est mort, dit Ossian ; défiez-vous de la colère, M. Geoffroy ; c'est un piége du démon, et vous êtes déjà puni de vous y être laissé prendre. Vos articles sont moins gaîs, vos abonnés sont moins heureux en les lisant, et j'ai beaucoup moins de plaisir à vous répondre.

Vous baissez, M. le professeur : c'est dommage ! vous avez ordinairement le style jeune, plus d'esprit qu'on n'en attendrait d'un régent de collége ; vous paraissez fort instruit quand il ne s'agit pas de science, et vous êtes méchant avec une facilité qui nous prouve que vous vous y êtes exercé de bonne heure.

Pourquoi renoncer à ces heureux avantages? croyez-moi; je suis plus votre ami qu'on ne pense, j'espère vous le prouver si vous me faites l'honneur de me lire; écoutez mes conseils, ils valent mieux que mes écrits; et ne cédez pas à une passion qui vous feroit perdre vos graces légères, et diminueroit un jour les émolumens du Feuilleton.

Vos premiers articles m'avoient fait beaucoup rire, mais le dernier *ne m'a pas amusé du tout.* J'emprunte cette phrase *à Grippe-Soleil*, c'est ce qu'il dit en parlant de *Bazile.* J'ai long-tems hésité à vous répondre : plusieurs raisons m'en détournoient. Je craignois d'abord de vous rendre moins aimable, et je sentois vivement le tort que je vous faisois en présentant un appât à votre passion malheureuse.

J'avois un autre motif pour me taire; et ce qu'il y a de singulier, c'est qu'il est encore puisé dans l'histoire de l'empereur *Adrien.*

Le sophiste Favorin dissertoit un jour

avec ce prince sur un point de grammaire. *Adrien* étoit despote dans ses opinions, il décidoit en journaliste, et vouloit avoir raison envers et contre tous; Favorin lui céda. Les amis du sophiste lui reprochèrent sa basse complaisance; mais il leur répondit avec bon sens : Mes amis, un homme qui a trente-deux légions à ses ordres, sera toujours le plus habile homme du monde.

Ce que Favorin disoit de l'empereur, je le disois de vous, M. Geoffroi : l'homme qui tous les ans fait pleuvoir sur la France trois cent soixante-cinq fois douze mille feuilles d'impression, sera toujours aux yeux du vulgaire, le plus habile critique, le savant le plus profond, et le juge le plus infaillible. Vous avez spéculé sur la malignité des lecteurs; vous revenez tous les jours à la charge; votre plume est *inévitable ;* vos injures *quotidiennes* sont votre pain *quotidien ;* vous avez douze mille livres de rente pour nous prouver que nous sommes des sots; ce n'est pas là une sottise, M. Geoffroi; si votre calcul n'est pas le plus honnête, il est au moins le plus sûr, et c'est là vraiment la seule science où vous ne vous trompiez jamais.

Voyez quel étoit mon désavantage dans notre commerce amical. Un imprimeur vous paye pour me dire des injures, et je payois un imprimeur pour vous répondre des choses honnêtes. Ce combat inégal ne pouvoit durer longtems; les coups même que je vous portois tournoient à votre profit et à ma ruine, et je voulois sortir d'une carrière où la malignité s'engraisse et où la raison s'emmaigrit.

Consolez-vous néanmoins, M. Geoffroi, je ne vous abandonne point; j'ai trouvé un téméraire qui se charge des frais d'impression, et je ne serai pas forcé de dire que vous êtes trop cher.

Ayez donc la patience de me lire; vous me la devez, quoi qu'il vous en coûte. La vérité peut vous déplaire, elle est à votre égard le synonyme d'épigramme; mais comme on ne me paye pas pour écrire, je ne suis point forcé de vous donner des mensonges.

Entrons en matière, M. le Professeur, et examinons ensemble la bonne foi, la politesse, l'érudition et la sagacité de votre critique.

Vous m'accusez, d'abord, de faire le savant; vous dites que j'entasse des bouquins poudreux, que je vous couvre de poussière, et que je cite sans discernement, Dion, Spartien, Eusèbe, Birague, Fabretti, Goltzius, et même St.-Jérôme.

Oui, M. le Professeur, j'ai cité tout cela; mais pourquoi m'y avez-vous forcé? je ne demande ici que de la bonne foi; il y a dix ans bientôt que mon *Adrien* est imprimé, je n'y ai point mis de préface, et dans tout cet opéra, vous ne trouveriez pas une seule fois le nom de St. Jérome. Depuis dix ans, je n'ai pas écrit une ligne où il fût question de science; et jusqu'au jour où vous m'avez attaqué, l'on pouvoit ignorer que je connusse Dion ou Spartien.

Voyons maintenant si vous avez mis la même réserve. Dans votre premier article sur mon opéra, vous étalez de l'érudition; vous m'accusez d'avoir altéré l'histoire; vous voulez prouver qu'*Adrien* ne gagna jamais de batailles; qu'il n'a jamais triomphé, et qu'il a fait reculer le dieu Terme, expression que vous tenez de St.-Augustin, quoique vous ne le citiez pas; delà vous partez pour *citer* Horace; vous nous donnez un long détail de ce que l'on montroit au peuple sur les théâtres de Rome, et vous terminez savamment le paragraphe par cet hémistiche latin: *namque his plebecula gaudet.* C'est à propos d'un opéra que vous nous dites de si belles choses, c'est à propos d'un opéra que vous faites le savant, et maintenant vous me faites un crime de *citer* pour vous répondre. Je vous oppose des volumes, dites-vous: cela est vrai, j'avoue que je n'ai lu l'histoire que dans des livres. Vouliez-vous que je vous cédasse quand vous aviez évidemment tort? Quand le critique cite à propos d'opéra, l'auteur ne pourra-t-il citer à propos d'histoire? Quand le professeur parle de ce qu'il ignore, l'écolier ne pourroit-il dire ce qu'il sait? Je vous ai demandé de la bonne foi, veuillez en faire usage. Sans doute, comme faiseur d'opéra, je n'étois point obligé de connoître les historiens; mais vous deviez les connoître, vous, M. le Professeur, quand vous m'accusiez dignorance.

Vous dites gaîment que vous allez souffler sur mon château de cartes; soufflez donc M. Geoffroy, mais soufflez fort, car mes cartes tiennent bien.

Mes amis, dites-vous, ont cru que j'étois au moins un Scaliger ou un Saumaise! personne n'a cru cela, M. Geoffroi. Mes amis ont dit que mon opéra n'est pas merveilleux, mais ils n'ont jamais vu de pédantisme dans mes écrits, que quand l'inexactitude du professeur ma forcé d'entasser les volumes. Ah! Monsieur, pourquoi parlez-vous de Scaliger! il ne vous manque qu'une érudition réelle pour être un Scaliger un Scioppius ou un Garasse.

Ces savans qui avoient du goût à votre

manière, ont fait un petit recueil d'épithètes galantes que vous ne serez pas fâché de trouver ici. Garasse, dans sa querelle avec Pasquier, le nomme sot par nature, sot par bécarre, sot par bémol, sot à la plus haute gamme, sot à double semelle, sot à double teinture, sot en cramoisi, sot en toutes sottises, plume sanglante, homme sans conscience, monophile sans cervelle, chrétien sans religion, capital ennemi du St.-siége, opprobre de sa mère etc. etc.... Scaliger, fils de Jules, avoit encore un goût plus épuré: il nommoit les *auteurs vivans*, orgueilleux, fous, sots, ânes, bêtes, plagiaires, misérables, rustiques, méchans, fats, fripons, voleurs et pendards. Cette nomenclature vous servira, M. Geoffroy; ce sont de petites douceurs que vous pourrez distribuer aux grandes fêtes, ou au nouvel an.

Après les expressions précitées, je suis curieux de rechercher les vôtres; les voici: je suis un grand docteur, j'ai un faux bel esprit, une fausse érudition; j'ai pour amis l'arrière ban des rimeurs, la basse-cour des journalistes et les auteurs sifflés ; vous avez ri de ma gasconnade et de ma jactance bouffonne ; je suis une mascarade d'écolier travesti en pédant ; je suis un petit géant qui entasse des bouquins poudreux pour escalader JUPITER GEOFFROY ; je suis ridiculement couvert de la poussière des bibliothèques ; j'entasse à tort et à travers des passages d'auteurs ; je fais des tours de passe-passe ; je donne dans des bévues un peu lourdes ; j'atrappe les sots ; j'ai mystifié les babauds ; rien n'est plus comique que mes rodomontades continuelles ; je fais des questions impertinentes, et je compromets gravement ma raison ; j'abuse de la crédulité publique ; je suis aussi bon maître d'urbanité que d'histoire ; on me fait trop d'honneur en me critiquant, et ma science, dépourvue de jugement, est pire que l'ignorance. D'après ces litanies édifiantes du professeur Geoffroy, je demande à ses lecteurs et aux miens, qui de nous deux on doit placer entre les Scaligers et les Garasses ? Voilà l'homme qui m'a souhaité moins d'érudition et *plus de goût*. J'avouerai cependant que le *petit géant* m'a fait sourire. Je ne vous croyois pas capable de me traiter si généreusement ; je suis fort content de mon lot ; un petit géant est un homme d'assez belle taille, et il n'y a pas là de quoi se fâcher ; mais puisque vous êtes Jupiter, je vous dirai comme Mercure : Jupiter, tu te fâches, donc tu as tort.

Jusqu'ici, je n'ai examiné que votre goût et votre bonne foi ; passons maintenant à votre érudition qui n'est pas moins évidente. Quel étoit le but de ma petite brochure ? de prouver que j'avois le droit de faire triompher *Adrien* sur le théâtre de l'opéra. Pour repousser les citations de votre critique, j'ai été obligé de citer à mon tour Dion, Spartien et d'autres, sur les fragmens desquels Crévier a bâti son histoire. Si Crévier est exact, les auteurs qui lui ont servi d'autorités ne doivent pas l'être moins. J'ai prouvé que des médailles encore existantes donnent à l'empereur *Adrien* les titres de Dacique et de Parthique ; j'ai prouvé qu'un décret du Sénat décernoit à ce prince les honneurs du triomphe ; j'ai prouvé que des inscriptions le nomment *imperator*, titre qui se donnoit après des victoires ; je vous ai appris que Métastase avoit pensé comme moi, et écrit dans le même sens; et à toutes ces preuves, plus que suffisantes pour un triomphe d'opéra, j'ajoutois cette phrase remarquable dont vous vous êtes bien gardé de faire mention ; je dis : p. 14, second paragraphe, ligne 5 : « Et quand bien même un auteur » tragique supposeroit un combat ou un » triomphe qui ne fût pas justifié par » l'histoire, qui pourroit le lui reprocher, » si son héros est reconnu pour un guer- » rier, et s'il est célèbre par son courage » ? Voilà ce qu'il falloit relever, M. le professeur, voilà le véritable état de la question, et un homme de bonne foi ne m'auroit pas reproché des citations auxquelles je n'attachois pas tant d'importance, puisque je n'en avois pas besoin pour faire triompher un héros d'opéra.

Ce qui peut vous arriver de pis, M. Geoffroy, c'est que je vous fasse toutes les concessions; votre science alors paroîtra dans tout son jour. Eh bien! soit :

Dion, Spartien ont tort, et les médailles sont fausses, et les inscriptions supposées, et St.-Jérome, tout saint qu'il étoit, a menti comme un poète ; je veux même que le tombeau d'*Adrien, moles Adriani*, qui se nomme maintenant le château St.-Ange, ne soit pas revêtu de bas-reliefs et d'inscriptions qui attestent des victoires ; je veux encore que l'assertion du professeur Geoffroy, l'emporte sur des monumens que j'ai vus moi-même à Rome ; et pour comble de docilité, j'adopte Crévier, et c'est avec Crévier que je veux vous donner une leçon. Vous convenez vous-même qu'avant d'être empereur, *Adrien fut bon soldat et bon officier*. Voilà tout ce qu'il me faut, M. Geoffroy. Je vous accorderai de plus, contre toute vérité, que le trône rendit lâche ce guerrier jadis courageux ; eh bien! qu'y gagnerez-vous? mon opéra commence le premier jour où *Adrien* fut proclamé empereur, c'est-à-dire dans les vingt-quatre premières heures de son règne : ce bon soldat, ce bon officier n'avoit donc pas encore eu le tems de devenir lâche, et sa conduite postérieure est indifférente à mon sujet, puisque mon *bon officier* ne s'est pas encore couché, une seule fois, comme empereur.

Je sais que sur la fin de son règne, le successeur de Trajan oublia sa gloire; qu'il languit long-tems, tourmenté par une maladie cruelle; qu'il charmoit ses douleurs par le commerce des Muses, ou les trompoit par la débauche; mais quand il fut élevé à l'empire, il n'étoit point encore l'amant d'Antinoüs; et comme mon opéra ne dure pas vingt ans, j'ai dû montrer ce héros tel qu'il étoit en montant sur le trône, et non tel qu'il devint quand le trône l'eût amolli. Quand on mettra Louis XIV sur la scène, faudra-t-il ne présenter que les dernières années de sa vie; et quand l'histoire parlera de Louis XV, peindra-t-elle le vainqueur de Fontenoi, comme le monarque accablé d'un règne de cinquante-neuf ans?

Si c'est là un château de cartes, M. Geoffroy, soufflez dessus.

Mais vous avez eu bien soin de ne pas

faire attention à la phrase où j'abandonnois tout le fatras de la science, pour vous dire que j'avois le droit de supposer un triomphe, quand le héros avoit été célèbre par son courage.

Cette omission n'est pas la seule que vous ayiez commise; m'avez-vous répondu sur les Parthes? Vous me reprochiez de les avoir fait combattre à outrance contre les Romains, eux qui, selon vous, ne savoient que fuir et lancer des traits par derrière. Vous n'aviez pas bien lu Crévier quand vous écriviez cette phrase. *Cet auteur exact et judicieux*, dit en parlant des Parthes : « qu'*Adrien* n'avoit pas le » zèle nécessaire pour terminer une guerre » si difficile ». Comment donc peut-il appeller *si difficile* une guerre contre un peuple qui n'ose combattre, qui fuit toujours et qui ne lance des traits que par derrière? Pourquoi Trajan a-t-il assiégé deux fois inutilement leur ville d'Atra! Pourquoi ce prince a-t-il perdu la moitié de ses troupes, et pourquoi est-il mort sans pouvoir soumettre un peuple de poltrons? Ah! M. Geoffroy, ne citez plus Crévier, il vous est aussi funeste que Dion et Spartien, que vous n'avez pas lus.

Une autre omission, aussi remarquable, et qui prouve votre prudence, est celle de Sabine. Vous demandiez dans votre première critique où j'avois trouvé cette *amazone aigre,* que j'appellois Sabine, et qui vous étoit inconnue. Si alors vous aviez lu Crévier, vous auriez su que Julia Sabina étoit petite-nièce de Trajan, et qu'*Adrien* l'épousa, quoiqu'il ne l'aimât guère. Je vous apprends, maintenant, que cette Sabine étoit fille de Matidie, et petite-fille de Marcienne, sœur de Trajan. Vous allez dire que je fais le pédant, M. le professeur; mais s'il y a un pédant entre nous, ce n'est point l'écolier qui cite pour se défendre, mais le maître d'école qui critique ce qu'il ignore. Il n'y a ni science ni bouquins poudreux dans mon opéra; mais je n'y ai rien mis que je ne pusse justifier au besoin.

Une troisième omission est celle *des chaînes de ma princesse Emirène.* Ces chaînes vous firent beaucoup rire dans votre premier article ; pourquoi n'en avez-vous pas parlé dans le dernier? Crévier vous auroit confirmé ce que j'ai dit relativement à l'empereur Aurélien ; mais Crévier vous ennuiera bientôt autant que Dion, car cet écrivain exact et judicieux, n'affermit pas le trône de Jupiter-Geoffroy.

Une quatrième omission est celle des citations prises de Racine, sur des faits d'histoire rapportés par Tacite. Vous qui avez tant de plaisir à me convaincre d'ignorance, pourquoi n'avez-vous pas parlé de ces deux auteurs ? ils en valent bien la peine ; et Crévier, tout judicieux qu'il est, ne méritoit pas d'occuper tout le Feuilleton au préjudice de ces deux écrivains. Vousne répondez pas, professeur ? Eh bien ! je vais dire votre secret.

Lorsque vous avez attaqué mon *Adrien,* vous vous disiez *in petto*, c'est un faiseur d'opéra, il n'en sait pas plus que moi sur l'histoire ; je puis tout critiquer à tort et à travers, mes lecteurs sont des oisifs et des ignorans, ils me prendront pour un oracle ;

cle : ainsi frappons d'estoc et de taille, tous les cafés retentiront de mes louanges; l'auteur aura peur, il fera le mort, et je passerai pour un puits de science, parce que j'ai lu St.-Augustin, que j'ai cité Horace, et que j'ai fait reculer le dieu Terme.

Votre sécurité fut de courte durée. Ma lettre parut. Diable ! c'est du sérieux ; un professeur convaincu d'ignorance ! cela est piquant. Delà, votre dépit, votre honte, votre colère, vos injures ; vous avez pris le cher Crévier, que vous auriez dû lire plutôt, et vous avez opposé une de ses phrases à tous les auteurs anciens, aux médailles, aux inscriptions, à la colonne Trajane et à tous les monumens existans Vous avez bien osé dire que Dion, Spartien, Métastase et St.-Jérôme avoient tort; vous risquiez peu, ces auteurs ne sont pas dans la main de tout le monde : mais tous les écoliers connoissent Tacite, tout le monde à vu jouer Racine, il ne vous étoit pas si aisé de les persiffler qu'un St.-Jérôme, et vous avez jugé plus prudent de n'en pas parler du tout, et de détourner la question pour faire oublier votre méprise. Soyez franc, M. Geoffroy; n'ai-je pas écouté aux portes?

Rétablissons donc la question. Pouvais-je faire triompher *Adrien*? Oui : tous les auteurs anciens m'y autorisent, Rome m'en fournit des preuves sur le marbre et l'airain; vous avouez vous-même qu'il fut bon soldat et bon officier, et l'action de mon opéra commence dans les premières heures de son règne.

Maintenant, honnête professeur, c'est votre bonne foi que j'interroge. Ai-je dit, ou n'ai-je pas dit dans ma lettre que quand bien même le triomphe d'*Adrien* ne seroit pas justifié par l'histoire, j'avais le droit de le supposer, puisque mon héros étoit célèbre par son courage. Ai-je dit, ou n'ai-je pas dit que Racine s'était permis d'altérer des faits plus graves? Ai-je prouvé par Tacite que Racine avoit dénaturé des faits, et même des caractères?

Pourquoi donc en répondant à ma lettre avez-vous gardé le silence sur le point essentiel, et n'avez-vous déclamé que sur des faits dont l'existence ne m'étoit pas nécessaire. Parlez, honnête professeur: déclarez, si vous vous inscrivez en faux contre mes citations; pourquoi n'osez-vous ni accorder, ni contester? Répondez, ou convenez que vous n'avez rien à répondre.

Vous avouez qu'*Adrien* a refusé le triomphe; il pouvoit donc l'accepter, et j'ai droit de le lui décerner à l'Opéra. Que m'importe que ses victoires soient vraies ou fausses, l'histoire en parle, des monumens les attestent, en faut-il davantage à un théâtre qui est le pays des illusions et de la fable, et quelle idée dois-je avoir du maître d'école qui me critique sur ce qu'il ignore, et qui exige tant d'exactitude dans un genre qu'il affecte de mépriser? Ma lettre est longue, M. Geoffroy; tant mieux! vous méritez une correction; vous la lirez jusqu'au bout, ou je vous condamne à apprendre l'histoire, et à devenir honnête; ce qui sera plus difficile. Je n'ai pas fini.

Vous qui savez si bien critiquer, et qui opposez une page d'injures à douze pages de raisonnemens, tâchez au moins de vous souvenir de ce que vous avez écrit. Vous dites dans votre second paragraphe, ligne 9 : « *Je n'ai jamais pré-* » *tendu qu'*Adrien *fût un lâche, je conviens qu'il fut bon soldat et bon officier* ». Et dans l'avant dernière colonne, ligne 10, je trouve cette phrase, bien étrange après la première : « *Vous* « *frémissez, citoyen Hoffman, votre* » *vainqueur des Parthes, votre triom-* » *phateur traité de lâche* » ! Accordez-vous, professeur; et choisissez; je vous ai bien dit que Crévier vous joueroit un mauvais tour; il est votre seul défenseur, et encore ne vient-il que pour vous contredire. Voilà pourtant le savant qui a douze mille abonnés. Il attaque, il insulte et ne peut écrire deux pages sans contradictions.

Je n'ai pas fini, professeur : le petit géant a encore quelques montagnes à lancer à Jupiter.

Au bas de la quatrième colonne du Feuilleton, je lis cette phrase digne du professeur : « *Je vous exhorte, et même je vous somme..... de nous apprendre, etc....* ».

Un ignorant comme moi auroit dit je vous exhorte à.... et je vous somme de.... mais les empereurs et les professeurs ont toujours raison, même quand ils font des fautes de langue, et mon observation me vaudra sans doute quelque nouvelle injure.

Mais passons sur la faute ; vous m'exhortez donc *de* vous apprendre où j'ai trouvé qu'*Adrien* détrôna Partasmapate, et rendit Cosroès aux Parthes. Vous me tendez un piége, M. Geoffroy, vous m'engagez à citer, et vous direz ensuite que je fais le savant. N'importe ! je vous réponds : vous trouverez ce fait chez Spartien dans la vie d'*Adrien*, et dans les commentaires de Casaubon sur cet ouvrage. Vous y lirez qu'*Adrien* ôta aux Parthes leur roi Partasmapate, qu'il leur rendit Cosroès ; action qui le fit aimer de ce peuple ; vous y verrez aussi qu'il dédommagea Partasmapate par d'autres états qu'il ne nomme point; et enfin qu'il donna aux peuples d'Armenie un roi qu'il ne nomme pas davantage. Voilà donc cet homme lâche qui ôte et distribue des couronnes! Voulez-vous plus d'exactitude ? lisez : *Ælius Spartianus in Adriani vitâ*, *p.* 3, 7, 10 ou *Casauboni notæ in Spartianum et alios Augustæ historiæ scriptores; Parisiis*, *anno* 1620.

Je suis bien long, M. Geoffroy, je le sens; mais c'est vous qui l'avez voulu, et je mets sur votre conscience, s'il y a lieu, tout l'ennui que je donne à mes lecteurs.

Vous me demandez pourquoi je me mets derrière Zaïre pour vous répondre, et ce qu'il y a de commun entre Voltaire et moi! Je me mets derrière Zaïre, parce que c'est un boulevard qui vaut bien le Feuilleton; et ce qu'il y a de commun entre Voltaire et moi, ce sont vos injures. Voilà sans doute le seul rapport que j'aie avec ce grand homme : mais l'âcreté de vos expressions sur cet Hercule littéraire m'avait fait craindre vos éloges, et en comparant les critiques que vous lanciez contre Zaïre et Adrien, j'avois d'abord pris votre article pour une flatterie ridicule. Dieu merci ! vous m'avez tiré d'inquiétude. Mais rien n'est comique comme la morgue du professeur, quand il nous dit que Zaïre mérite d'être *jugée*. Juger Voltaire ! et c'est vous qui le jugerez, M. Geoffroy. Répondez donc comme dans une comédie célèbre : *Est-ce qu'on me donne douze mille francs pour autre chose ?*

Puisque vous m'avez exhorté *de* vous apprendre où j'avois trouvé un fait historique, je vous somme *à* me dire ce que vous entendez, en écrivant que le triomphe de mon *Adrien* est *indisposé*. Voulez-vous faire croire qu'on ne jouera plus cet opéra, et que, par égard, on le laisse sur l'affiche? Ce sens suppose une charité trop chrétienne ; voulez-vous dire que l'empereur est malade? quand cela seroit, pourquoi lui faire une épigramme avec des lettres italiques? Non, M. Geoffroy, ce n'est pas l'empereur qui est malade, mais le roi Cosroès, qui est représenté par le C. Adrien, de manière à mériter vos injures, car il y met assez de talent pour cela. Ah ! je devine, vous faites un calembourg : *Adrien* est retardé par l'indisposition d'Adrien.

Pas mal, M. le Professeur; pas mal! j'avoue que la circonstance est plaisante; je vous sais gré de l'avoir remarquée, et votre calembourg est assez joli pour un maître d'école qui n'en fait pas son état. C'est vraiment ce qu'il y a de plus aimable dans votre article; je disois bien que vous avez de l'esprit : il perce malgré vous, et quand la colère ne vous dominera pas, vous serez un professeur fort amusant.

Rappellez-vous l'aimable gaîté avec laquelle vous m'écriviez le 27 Nivôse. C'est là que vous étiez le vrai Geoffroy; il y avoit bien un peu d'humeur, mais vous étiez encore bon soldat et bon officier, et le trône de Jupiter n'avoit point changé en lâche, l'illustre guerrier du collége. Permettez-moi de retourner à ces tems plus heureux, et d'examiner ce que vous me disiez alors avec une légèreté piquante, et avec une demi-politesse. Patience, professeur! vous l'avez voulu; mon château de cartes sera lourd, il vous faudra bon souffle pour le renverser.

Dans l'article du 27, vous me compariez plaisamment à un chirurgien de village, qui prodigue les termes d'anatomie. Eh! M. Geoffroy de quels termes voulez-vous que se serve un chirurgien? Faut-il qu'il parle musique quand un barbier l'accuse d'ignorance dans l'art chirurgical? Faut-il qu'il imite certain professeur, et qu'il disserte effrontément sur les sciences qu'il ignore? Voulez-vous qu'un chirurgien chante la gamme, bâtisse un sillogisme, ou d'écrive une cycloïde, en faisant la ponction, ou en serrant une ligature? Un chirurgien vous diroit que vous avez de l'embarras dans le cerveau, de l'engorgement dans la vessicule du fiel; Lavater le jugeroit à votre front sévère, et nous le voyons dans votre style. Ah! M. Geoffroy, les choses n'en iroient que mieux, si les chirurgiens se bornoient à l'anatomie, et si les pédans de collége s'en tenoient aux auteurs qu'ils expliquent.

Si je suis chirurgien de village, vous êtes le maître d'école de la même paroisse ; et quoi que vous fassiez, on préfèrera toujours le chirurgien qui remet les membres cassés, au maître d'école qui casse bras et jambes à ses écoliers.

Puisque nous parlons d'école, je ne puis m'empêcher de vous faire un aveu. Vous ressemblez d'une manière effrayante au correcteur du collége où j'ai fait mes études. Ce brave homme étoit correcteur et portier de la maison ; comme vous, il cumuloit les bénéfices ; comme vous, il connoissoit l'histoire, et il étoit poli comme le Feuilleton des Débats. Il savoit un peu de latin, il disoit souvent : *depone caligas ;* et le bonhomme croyoit que *caligas* signifie culotte. Il se nommoit Cheminot ; ce nom ne sortira jamais de ma mémoire : pour corriger ma tête, il employoit le remede des contraires, et j'ai long-tems ignoré pourquoi il plaçoit les topiques si loin de la partie souffrante.

Il est des ressemblances malheureuses, dit Picard, dans sa grande ville ; oh ! M.

Geoffroy, comme vous ressemblez à Cheminot! cela est au point, que vos deux noms sont devenus synonymes dans ma pensée, et je vous déclare que dorenavant je vous donnerai ce nom respectable, quand j'aurai l'honneur de vous répondre. Vous n'y perdrez rien, M. le professeur; j'estimois beaucoup cet honnête homme; et si mon goût n'est pas encore formé, ce n'est, je vous assure, ni sa faute ni la vôtre. Je ne vois entre vous qu'une différence notable; vous me fouettez parce que je suis savant, et Cheminot me fouettoit parce que je ne l'étois pas.

Courage, M. Geoffroy! vous arrivez au port, et bientot vous serez débarrassé de ce vampire qui suce toute votre science, et ne vous laisse que votre orgueil.

Je ne puis m'empêcher de déplorer ici la condition des pauvres gens de lettres. Ils sont les seuls des hommes réunis en société, qui dans leurs contestations n'aient jamais le bonheur d'être jugés par leurs pairs. On interroge l'architecte sur les bâtimens, le médecin sur les maladies, le pharmacien sur les remèdes; les tribunaux même choisissent pour experts, ceux qui ont produit dans l'art dont il s'agit; la litterature seule est privée de ses juges naturels. L'homme qui n'a rien fait, rien pu faire, se venge de son impuissance en mutilant les productions des autres; ne pouvant s'élever à eux, il les rabaisse jusqu'à lui : l'auteur de vingt tragédies est jugé par le rédacteur d'un Feuilleton; la musique est jugée par un régent de collége, et la poésie par Cheminot. Ce qu'il y a de pis, c'est que le vulgaire est dupe de leur jugement : il semble ignorer qu'il est plus facile de décrier un bon ouvrage que d'en produire même un mauvais ; il prend la morgue pour du savoir; l'orgueil pour la conscience de sa force; les injures pour des preuves, et le ton impératif pour un arrêt sans appel. Le barbouilleur d'enseignes déchire les tableaux de David ; le tailleur de pierres donne des leçons au lapidaire, et le faiseur de tournebroches va dénigrant les horlogers.

Encore un mot pour le dernier. Vous

me souhaitez plus de goût et moins d'érudition; c'est bientôt dit, M. Geoffroy; le goût ne s'acquiert pas si facilement. Depuis si long-tems que je lis vos articles, je n'ai pu encore former le mien. Ah! si j'avois eu du goût, de la grace, de la politesse et de l'impartialité, je me serois bien gardé de me faire auteur; mais j'aurois rédigé le Feuilleton des Débats.

HOFFMAN.

www.ingramcontent.com/pod-product-compliance
Lightning Source LLC
LaVergne TN
LVHW050458160826
845677LV00003B/822
*9782329670737*